# TOUT CE QUE VOUS VOULEZ SAVOIR SUR...

Dans la collection

Tout ce que vous voulez savoir sur…

**le sommeil**

**le savoir vivre**

**les chats**


Dépôt légal : octobre 1999
ISBN : 2 84270 1674

EMMANUELLE PAVAN

# le vin

Collection dirigée
par Jean-Loup Chiflet

MANGO PRATIQUE

Alors, vous aimez le vin ? À moins que ce livre ne vous soit pas destiné et que vous l'ayez acheté pour l'offrir… En tout état de cause, vous n'aurez pas à le regretter et vous vous délecterez puisque vous allez enfin connaître tout ce que vous avez toujours voulu savoir sur le vin… sans jamais avoir osé le demander.

Et puis pourquoi, n'auriez-vous pas le droit de vous constituer la cave de vos rêves ? Peut-être aimeriez-vous aussi impressionner l'homme ou la femme de votre vie en organisant chez vous une dégustation de haut niveau ? Qui vous dit que ce soir vous ne serez pas en situation de tenir tête à un sommelier réputé, désireux de vous imposer un choix non- conforme à vos désirs ?

Grâce à ce livre, vous serez enfin en mesure de tenir la dragée haute à tous ceux qui, dans votre entourage, prétendent en savoir plus que vous. Cépage ? Chaptalisation ? A.O.C.? Gewurztraminer ? Millésime ? autant de termes qui vous paraissent à ce jour barbares et dont vous allez pouvoir enfin vous délecter... sans modération.

Bien sûr, traiter un aussi vaste sujet d'une façon lapidaire nécessite des choix forcément subjectifs, mais toutes ces informations que vous pourrez dorénavant reprendre à votre compte donneront à vos interlocuteurs éblouis l'impression d'une culture œnologique bien assimilée.

Vous allez devenir au gré de ces pages l'expert(e) incontesté(e) que l'on va s'arracher dans les dîners en ville et autres réunions conviviales… autour d'une bonne bouteille, bien sûr.

Bonne dégustation

*Jean-Loup Chiflet*

# HISTOIRE du ViN

Depuis le début de l'humanité, le vin qui n'est, rappelons-le, que du **jus de raisin** fermenté, fait partie de l'histoire. Breuvage mythique, le vin est cité 155 fois dans l'Ancien Testament !

# La vinification,

c'est-à-dire la transformation du jus de raisin en un philtre parfumé et alcoolisé, serait, paraît-il, une découverte due au hasard. Une légende perse raconte qu'un roi, friand de raisin, et un tantinet despotique, en avait rempli une grande jarre sur laquelle il avait écrit "poison" pour dissuader les gourmands de s'en approcher. Un jour, une de ses femmes, désespérée d'être délaissée et voulant se suicider, but une coupe du jus défendu, et s'en trouva fort réconfortée. Elle offrit à boire à son homme qui jugea le breuvage délicieux et ordonna que, désormais, le jus de raisin serait enfermé pour fermenter et décida, du même coup, que cette femme serait sa favorite.

**Historiens et archéologues situent les toutes premières régions vinicoles de l'histoire sur les flancs du**

***Caucase***

**de la**

***Mésopotamie.***

En
3 000 av. J.-C.,
on plantait déjà
des vignes en
Égypte, qui
servaient à
l'élaboration de
vins funéraires
destinés aux
pharaons qui ne
voulaient pas
franchir trop
démunis les
portes de
l'autre
monde.

*Le pharaon possédait certes des vignes destinées à produire du vin pour ses futures funérailles ; mais, de son vivant, il aimait heureusement le déguster entouré de ses amis. Le vin royal était blanc, et le bon peuple fut pendant longtemps tenu à l'écart de ces libations.*

ON A AUSSI RETROUVÉ
DES COUPES ET DES VASES
DANS LES TOMBES
DE PRINCES CELTES.
CELA DÉMONTRE QUE
LE VIN, S'IL N'ASSURE PAS
L'IMMORTALITÉ, EST QUAND
MÊME LE MEILLEUR GARANT
D'UNE SURVIE PROLONGÉE DE

# L'ÂME

DANS L'AUTRE MONDE.

La **Grèce** fut le premier pays d'Europe à faire du vin, grâce à un savoir-faire importé d'Égypte. Il fut exporté ensuite en **Italie** où les Romains ne restèrent pas insensibles à son charme. C'est ainsi qu'ils apprirent à nos ancêtres les Gaulois à tailler la vigne, qui poussait à l'état sauvage.

Selon le philosophe grec Hérodote (450 av. J.-C.), au royaume de Perse, le Conseil des ministres se faisait en deux temps. La première partie en buvant, et la deuxième à jeun. Ainsi, le vin a apparemment toujours été prisé chez les grands de ce monde, dont

*Montaigne disait :*

*"Versez-leur du bon vin,*
*ils vous feront de bonnes lois."*

# *La mythologie grecque* **est remplie d'histoires savoureuses de vignes et de vins.**

*Savez-vous, par exemple, que* *Dionysos*, **le dieu du vin,** *fit cadeau d'une vigne au roi Œné pour le remercier de lui avoir prêté sa femme ?*

**C'est en enivrant**

**le cyclope Polyphème qu'**

# *Ulysse*

**aurait réussi à l'endormir et à lui enfoncer**

**un pieu dans l'œil avant de s'échapper,**

**avec ses compagnons,**

**de la caverne gardée**

**par l'immonde**

**créature.**

## *Staphylos*

*Un jour, Staphylos, un berger grec, s'aperçut que sa chèvre avait l'air bien joyeuse après avoir mangé du raisin. Il lui vint l'idée de presser le jus de la grappe.*

**La vigne est un important symbole dans nombre de religions. Si le vin est tristement comparé au sang versé par le Christ, il est plus heureusement associé à celui de Dionysos, qui représente l'ivresse et la joie de vivre.**

religion

ivresse

Le vin est signe de connaissance et de vérité. Boisson des dieux, elle est aussi symbole de l'immortalité, et ce n'est pas un hasard si vigne et vin sont si souvent représentés sur les tombeaux anciens.

Saint Martin ( 345 av. J.-C.) est *le saint patron de la vigne*. On raconte qu'en voyage dans les pays de Loire, il avait attaché son âne à un pied de vigne. L'animal, futé, en aurait grignoté les feuilles. L'année d'après, le pied donna de beaux raisins, bien meilleurs que ceux qui n'avaient pas été mangés. C'est ainsi que l'on découvrit les bienfaits de la taille de la vigne.

La propagation du *christianisme* fit beaucoup pour celle du vin, car partout où se construisait un monastère, se plantait une vigne. Ainsi, les **moines** devinrent-ils spécialistes de ce breuvage qui leur était précieux, tant pour subsister que pour le sacrement de la messe.

En 1100, les Cisterciens furent à l'origine
des mythiques clos-vougeot et chablis.
On dénombre aujourd'hui en France
quelques 109 vins dont l'appellation
serait d'origine monastique
(une cinquantaine en Allemagne,
une vingtaine en Italie,
sept en Espagne
et quatre en Grande-Bretagne).
On en trouve aussi aux États-Unis,
en Australie, et en Amérique du Sud,
datant de l'époque où ces pays étaient
des lieux de mission.

# Les Anglais,

chez qui les moines possédaient des vignes, ont découvert très tôt le vin de Bordeaux, grâce à l'union d'Aliénor d'Aquitaine et d'Henri II Plantagenêt, en 1152.

Lorsque la guerre de Cent Ans éclata en 1337, les commerçants bordelais choisirent plutôt le camp des Anglais. Ils n'ont eu, depuis, qu'à s'en féliciter.

bouteille en verre

Au XVIIIe siècle, la bouteille en verre fait son apparition. Jusque-là, le vin était conservé dans des barriques. En 1781, le clairet, mélange léger de vin blanc et de vin rouge, fut pour la première fois, mis en bouteille, dans une cave de Château-Lafite. Et c'est sous le terme de claret que les Américains et les Anglais désignent encore le vin de Bordeaux.

**Jusqu'en**

# 1860,

**le vin demeure**

## un produit de luxe

**que les paysans et même les vignerons ne boivent que rarement. Mieux vaut vendre son produit que le déguster ! Mais grâce aux progrès de l'ère industrielle, les conditions de vie dans les campagnes s'amélioreront, et petit à petit, tout le monde pourra**

*“se taper” son coup de rouge.*

Au milieu du XIX^e siècle, la quasi-totalité des vignobles européens fut dévastée par le

phylloxéra.

Ce désastre put être enrayé grâce à l'importation de pieds de vigne américains qui étaient, ironie du sort, immunisés contre ce parasite.

# Au Moyen-Âge,

**dans les auberges,
on se jetait son gobelet de vin
à la figure en signe de défi,
en prononçant la formule :**

*"Je n'ai cure de toi et avec toi je ne boirai point."*

**On sortait se battre dans la rue,
et on se réconciliait ensuite
autour d'un pichet...**

# Le premier décret contre l'ivresse publique remonte à François I^er^ en 1536.

Une ordonnance stipulait que tout individu trouvé ivre sur la voie publique serait jeté en prison et, en cas de récidive, pouvait se voir amputer des oreilles !
(ce qui heureusement ne l'empêcherait pas de boire...).

Au **XVIII$^{\text{ème}}$ siècle**,
les bouteilles en verre,
qui étaient encore rares,
chères et fragiles, étaient
réservées au service des bons
vins, en lieu et place de
l'ordinaire pichet.
Puis le vin fut définitivement
mis en bouteille, et les
bouteilles rangées, suivant
l'expression consacrée,
"*derrière les fagots*",
afin de les mettre à l'abri.

La **piquette** et le **picrate** sont deux termes qui désignent un **MAUVAIS VIN.**

La piquette est un procédé inventé par les chimistes Thénard et Petiot, qui consistait à mélanger du marc de raisin frais ou fermenté à du sucre et de l'eau. Le picrate est le nom scientifique d'un acide, du grec *pikra*.

# Adolphe Pinard
## était un médecin

qui s'intéressait
particulièrement au vin
que l'on donnait aux soldats
dans les tranchées de la
Grande Guerre.
On surnommait le vin
le "pousse-à-l'assaut".

## Le terme "pinard"

est, lui, une déformation datant,
du XVII$^{e}$ siècle,
du "vin pineau"
ou "pinot", la variété de raisin.
Rien à voir, donc, avec
le médecin du même nom.

252 millions d'hectolitres
sont sortis des caves en 1998,
contre 240 en 1980.
**La viticulture mondiale**
préfère la

# qualité
à la
# quantité.

# Les régions françaises et leurs grands vins

La France compte un grand nombre de régions vinicoles. Plus de la moitié des vins fins du monde vient de France, dont le quart de

# la région de Bordeaux. Le Languedoc-Roussillon, la Bourgogne, la Loire, le Rhône, le Beaujolais, le Mâconnais, et l'Alsace

sont les autres principales régions productrices de vin.

# Le Languedoc-Rousillon

n'a pas toujours eu bonne presse. On y trouvait à une époque des vins d'origine assez obscure, dits de "l'Union européenne", obtenus après brassage de divers produits pour en faire un vin de qualité discutable. Mais les temps ont heureusement bien changé depuis dix ans.

On y trouve aujourd'hui d'excellents vins dits "*de pays*," soumis à des contrôles de qualité rigoureux. les vins du Languedoc-Roussillon affichent d'ailleurs, maintenant, fièrement leurs origines : fitou, corbières ou minervois, de qualité diverse mais tous recommandables.

# Le Bordelais

**En schématisant,**

**on pourrait dire que**

**les rouges viennent du nord**

**de la ville de Bordeaux,**

**et les blancs du sud,**

**bien que dans**

**la région de Graves**

**on produise du rouge**

**et du blanc.**

*Le vin de Bordeaux*
*est en quelque sorte*
*l'aristocrate de la famille du vin.*
*En 1855, tous les châteaux*
*de la rive gauche ont été classés,*
*et c'est ce prestigieux classement*
*qui fait encore (en partie)*
*référence aujourd'hui.*

**Lors de l'Exposition universelle de Paris**

**en 1855**

les organisateurs demandèrent aux habitants du Bordelais des échantillons de leurs meilleurs produits. Et c'est ainsi qu'ils en vinrent à classer leurs vignobles, mais en privilégiant uniquement les *médocs* et les *sauternes*, au détriment des régions de Saint-Émilion et de Pomerol ! Ce classement, bien sûr, a été révisé depuis.

**Même si le classement de 1855 est un peu obsolète, les 5 premiers vins de la liste de l'époque font toujours partie des meilleurs vins du monde :**

Château-Lafite,
Château-Latour,
Château-Margaux,

*(les trois grands médoc)*,

Château Mouton-Rothschild
et Château Haut-Brion.

**Une des caractéristiques des bordeaux est leur capacité exceptionnelle à bien vieillir. Les grands médocs, et le château-yquem en blanc, peuvent vivre 100 ans en bouteille. Bon à savoir si l'on veut un jour déguster un grand cru, acheté dans sa jeunesse, et qui ne tiendrait ses promesses qu'au bout de 50 ou 70 ans!**

*Les premières étiquettes de château-lafite étaient orthographiées avec 2 t, ou 2 l, parfois les deux. Or lafite vient du mot gascon la hite, qui signifie la hauteur. Lorsque la famille Rothschild fit l'acquisition du vignoble en 1865, elle possédait aussi une banque à Paris, située, hasard ou clin d'œil,* **rue Laffitte.**

# La Bourgogne

**C'est une longue bande**

**verticale qui s'étend**

**de Mâcon à Dijon,**

**sans oublier, un peu en retrait,**

**la région de Chablis.**

**On dit que c'est la patrie**

**des vins d'origine monastique.**

Bien que plus petite en superficie et en production que le Bordelais, les bons rapports qualité-prix y sont plus rares. À noter que les crus sont souvent blancs mais les *meursault*, *montrachet*, *chablis*, *chambertin*, *gevrey-chambertin*, *côte-de-nuits*, *nuits-saint-georges*, *romanée-conti*, *pommard* font partie des grands noms de rouge.

**Dans les années 60/70,**
**la Bourgogne a souffert de récoltes très inégales. Mais le pire fut atteint en *1992*,**
**puisqu'on a même parlé de "millésime calamiteux de la décennie".**

**En Bourgogne, on pratique la**

*chaptalisation*

*(rajout de sucre au moût de fermentation pour en augmenter le degré d'alcool),*

**alors qu'en Bordelais, cette pratique est quasiment inexistante. Le climat bourguignon est plus capricieux, plus frais, avec des étés moins cléments qui ne permettent pas toujours de donner un raisin sucré à point. C'est pourquoi la chaptalisation vient rééquilibrer ce déficit climatique.**

## Attention aux lapsus !

# *Ne pas confondre*

pommard en Bourgogne,
et pomerol en Bordelais.
Le côte-de-bourg est un bordeaux,
et non un bourgogne ;
mais il sera bien vu d'appeler
le saint-émilion,
le "bourgogne du Bordelais"

# *Le vin de Bourgogne*

*vieillit moins longtemps que le bordeaux :*

*entre* 12 *et* 20 *mois*

*avant la mise en bouteille.*

*Les très vieilles bouteilles*

*de bourgogne sont rares.*

*On peut boire un bourgogne*

*entre* 5 *mois et* 5 *ans*

*après sa mise en bouteille,*

*mais certains d'entre eux*

*peuvent vieillir pendant*

50 *ans*...

Le temps de vieillissement dépend essentiellement de la teneur en

# tanin

**(et de ses vertus conservatrices).**
Le bordeaux, qui atteint son apogée après de très longues années, en est beaucoup plus chargé que le bourgogne. Cette teneur est déterminée par les cépages spécifiques utilisés en Bordelais et en Bourgogne.

*Attention aux préjugés qui consistent à dire que tous les bordeaux sont légers parce qu'ils ont perdu leur âpreté après vieillissement, et que les bourgognes sont corsés, car consommés le plus souvent dans leur jeunesse. Un vin de Bourgogne peut être léger, même jeune, et c'est là une de ses grandes qualités.*

# Bordeaux ou Bourgogne ?

**Ce sont tous les deux des vins à forte personnalité. Le bordeaux est reconnu pour sa régularité en qualité, son concurrent étant un vin plus marginal, car imprévisible.**

*Le bordeaux, dont la production est dix fois plus importante que le bourgogne, est une valeur refuge, et son rapport qualité-prix est toujours excellent. C'est aussi un vin sur lequel les néophytes peuvent se faire le palais en toute sécurité. Les bourgognes, eux, demandent plus de discernement. On peut parfois choisir un bon bordeaux les yeux fermés, alors qu'il faut vraiment connaître un bourgogne avant de l'acheter si l'on ne veut pas être surpris.*

**Une des différences qui distinguent ces deux vignobles est le caractère "*social*". Côté bordeaux, c'est le château, le domaine qui donne son nom au vin, alors que côté bourgogne, c'est plus l'homme qui le cultive, son village, son abbaye, ou son "climat", qui est un lieu-dit cadastral. Rien à voir avec le temps qu'il fait !**

*D'un côté*

la noblesse, la famille, le prestige,

*& de l'autre,*

le peuple, le terroir.

Pour certains, le bordeaux évoque plus la *respectabilité,* et le bourgogne la *ripaille* et la bonne cuisine riche. Ce n'est pas un hasard s'il est couramment célébré par des confréries de bons vivants festoyeurs.

# La Loire

Elle se partage

en cinq régions viticoles :

la Loire, l'Allier, la Touraine,

l'Anjou et le Pays nantais.

Les vins de Loire,

s'ils n'ont pas le prestige

des vins de Bordeaux,

sont réputés pour se boire

facilement : ce sont des vins

légers et rafraîchissants,

qu'ils soient rouges,

blancs ou mousseux…

*Le vouvray*

*est devenu synonyme de*

*pétillant de la Loire.*

*Mais les meilleurs vins de cette région*

*sont sans doute les blancs, doux et secs,*

*qui se consomment jeunes,*

*entre 9 mois et 5 ans,*

*à l'exception des plus doux qui peuvent*

*vieillir 15 ans.*

*Les vins rouges sont en général*

*assez moelleux et fruités.*

**PARMI LES VINS CELEBRES DE LA REGION LOIRE :**

*les saumur-champigny rouges*, réputés pour leur légèreté et leur fruité, le *muscadet* dont le nom évoque légèreté, fraîcheur (et une douzaine d'huîtres !), *le pouilly-fumé*, connu aussi comme blanc fumé de Pouilly, et le *sancerre*, célèbre blanc sec qui se décline aussi en excellent rosé et, parfois en rouge, à boire très frais.

# *Le bourgueil et le saint-nicolas-de-bourgueil, rouge et rosé.*

**On les confond souvent de par la proximité de leurs vignobles, en Touraine. Le saint-nicolas-de-bourgueil se limite au site qui porte ce nom, alors que les autres bourgueils proviennent de huit localités différentes. C'est le saint-nicolas-de-bourgueil qui paraît l'emporter en qualité.**

# La vallée du Rhône

**Les tavel,**

**châteauneuf-du-pape**

**et hermitage**

**sont les vins ambassadeurs**

**des côtes du rhône :**

**ils sont les plus connus**

**et les plus appréciés.**

**Philippe le Bel disait :**

**“Il n’est bon vin que de Tavel”.**

**François 1$^{er}$ raffolait**

**lui aussi de cet excellent rosé.**

*Les vins de Côtes du Rhône sont robustes, voire capiteux. Ils méritent un long séjour en bouteille. Sans prétendre rivaliser avec les bordeaux ou les bourgognes, ils peuvent être excellents. La qualité des vins de Côtes du Rhône est constante d'une année à l'autre, car les étés y sont invariablement secs.*

## Attention !

*Il ne faut pas généraliser*
*en affirmant que toutes les années*
*de côtes-du-rhône se valent car,*
*en matière de vin, la moindre différence*
*est toujours perceptible.*

Quelques grands noms à retenir : le beaumes-de-venise, très bon blanc doux à l'odeur de raisin frais, l'hermitage, délicat comme son voisin, le crozes-hermitage, au léger goût de terroir.
Ces deux derniers existent en rouge et en blanc.

**Les condrieu et château-grillet sont caractérisés par une production limitée hors des départements de la vallée du Rhône, peut-être parce qu'il s'agit de deux très grands vins. Les Lyonnais pensent que le condrieu, vin blanc teinté de rose, très parfumé, est un des meilleurs vins de la planète.**

*Le château-grillet*
*est un vin blanc*
*qui ressemble au condrieu.*
*Il est, comme lui,*
*robuste et vigoureux,*
*avec peut-être un zeste*
*de finesse en plus.*
*À consommer jeune mais*
*sans modération.*

Ces régions font partie de la Grande Bourgogne du sud. **Le vin rouge le plus célèbre y est bien sûr le beaujolais.** Ce n'est pas parce que le beaujolais nouveau est un des vins les plus prisés au quatre coins de monde qu'il faut espèrer chez lui une qualité exceptionnelle. Si vous décidez de participer aux réjouissances données en son honneur, sachez qu'elles ont lieu le $3^{ème}$ jeudi de novembre.

Lorsqu'il n'est ni primeur
ni village, le beaujolais
peut se glorifier
de prestigieuses appellations,
comme le
*moulin-à-vent*,
surnommé parfois
le roi du Beaujolais grâce à sa
puissance et sa rondeur.
Il mérite de vieillir en bouteille
entre 5 et 7 ans,
et il est en tout cas
recommandé de ne
pas le boire avant 2 ans.

Les beaujolais qui se conservent le plus longtemps sont les fameux morgon et juliénas. Le morgon, le plus corsé, n'est jamais mis en bouteille avant 7 ou 9 mois, et ne doit pas être consommé avant au moins un an. C'est un vin au caractère très prononcé, qui possède toutes les caractéristiques du bourgogne.

Morgon

**À noter !**

Le *saint-amour*
s'appelle ainsi
lorsqu'il est rouge mais
*mâcon blanc ou*
*beaujolais blanc*
lorsqu'il est blanc ...

# Le Macônais

**Le Macônais produit de très grands vins blancs, proches des grands bourgognes, mais à des prix tout à fait abordables. À ne pas confondre pouilly-fuissé et pouilly-fumé (du nom d'une commune près de Sancerre, dans la Loire). Le pouilly-fuissé est très exporté, surtout aux États-Unis, et il est vendu relativement cher en France.**

Le simple mâcon-villages n'existe pratiquement qu'en blanc, et on en trouve assez facilement. Les vins du Mâconnais se boivent jeunes. Pour des vins avec des personnalités plus marquées, on recherchera des mâcon-lugny ou des mâcon-prissé.

# L'Alsace

**Les vins d'Alsace tiennent évidement une place particulière dans le vignoble français, dans la mesure où cette région a longtemps été "ballottée" entre la France et l'Allemagne. En 1870, non seulement l'Alsace se retrouve annexée à l'Allemagne, mais le phylloxéra commence ses ravages. La production de vin dégringole pour laisser place à la bière, comme quoi un malheur n'arrive jamais seul…**

*Le vignoble alsacien s'étend sur 200 km, à l'ouest d'une ligne Mulhouse- Strasbourg qui marque les deux extrémités du vignoble. Cette zone vinicole, qui ne dépasse pas 15 km de large, est abritée par le Massif vosgien, à l'ouest.*

*Le climat y est très propice aux vendanges tardives, car le raisin y mûrit lentement.*

Les vins d'Alsace sont pratiquement tous des vins blancs. Il n'existe qu'une seule production de rouge et de rosé, le pinot noir, qui représente seulement 7,5% de l'implantation du vignoble en Alsace. Ce vin rouge excellent a un goût de cerise particulièrement prononcé.

*Pour les Alsaciens, le*

# *riesling*

*est le roi des vins.*

*C'est un vin racé,*

*sec et fruité.*

*Le gewurzstraminer, célébre lui aussi, est corsé, charpenté et peut aussi être très moelleux. C'est un vin qui vieillit bien, contrairement à beaucoup de vins blancs.*

LE *TOKAY-PINOT GRIS* EST UN VIN DE GARDE. CE SYLVANER SE DOIT D'ÊTRE BU TRÈS JEUNE ET TRÈS FRAIS, CAR IL EST RECONNU POUR ÊTRE DÉSALTÉRANT AU MÊME TITRE QUE LES *PINOTS BLANCS* OU *KLEVNERS*.

# La Champagne

**Voltaire disait**
**à propos du champagne,**
**“c’est le seul vin qu’une femme**
**puisse boire sans s’enlaidir”.**
**Le champagne,**
**le  vin le plus célèbre**
**du monde, se doit, bien sûr,**
**pour mériter cette appellation,**
**de n’être produit**
**qu’en région champenoise.**

*“Champagne :*
*caractérise le dîner de cérémonie.*
*Faire semblant de le détester*
*en disant que “ce n’est pas du vin”.*
*Provoque l’enthousiasme chez*
*les petites gens. La Russie en consomme*
*plus que la France. C’est par lui que*
*les idées françaises se sont*
*répandues en Europe.”*

*Flaubert, 1850, Dictionnaire des idées reçues.*

**Les vignes de la région champenoise sont parmi les plus anciennes. On dit même qu'on y faisait du vin avant l'arrivée des Romains.**

À l'origine, le vin de Champagne n'était pas mousseux. Les médecins de la cour de Louis XIV décidèrent que le bourgogne était meilleur pour la santé que le champagne.

C'est à un moine bénédictin,
*Dom Pérignon,*
que l'on doit la découverte
de cette nouvelle technique
de vinification : tous les vins,
au printemps, fermentaient,
et le gaz emprisonné faisait
éclater la bouteille.
On appelait ces vins des
"vins-diables"
**ou**
"saute-bouchon."
Il faut dire qu'à l'époque,
le verre des bouteilles
était très fin.

*Dom Pérignon suggéra l'utilisation d'une bouteille plus épaisse, et fut le premier à imaginer un bouchon de liège pour remplacer les bouchons en coton ou imbibés d'huile et comprimés à l'aide d'une ficelle.*

La loi française exige que tous les bouchons de champagne portent le nom de "*champagne*."

**Les régions de Reims et d'Épernay
doivent en grande partie leur prospérité
au négoce des grandes maisons de champagne.
Leur doyenne, la maison Gosset,
est née en 1854.
Mais le commerce du champagne
n'a vraiment pris son essor
qu'au XIX$^{e}$ siècle.
Parmi les champagnes les plus connus
figure le fameux dom-pérignon,
un classique de la maison
Moët et Chandon.**

**Il existe
une assez grande variété
de bouteilles de champagne.
Leur taille varie suivant leur**

# contenance.

Quart : 20cl

Demi-bouteille : 37,5cl

Bouteille : 75cl

Magnum : 2 bouteilles

Jéroboam : 4 bouteilles

Rhéoboam : 6 bouteilles

Mathusalem : 8 bouteilles

Salmanazar :12 bouteilles

Balthazar : 16 bouteilles

Nabuchodonosor : 20 bouteilles

# QU'EST CE QUE LE *millésime ?*

*Le millésime d'un vin correspond à l'année de récolte du raisin. En fonction surtout des conditions climatiques, les récoltes de raisin sont différentes d'une année à l'autre. Un vin est donc toujours unique puisque aucune année ne ressemble à une autre.*

# Les cépages

Un cépage est la variété de plant de vigne qui caractérise un raisin, le cep étant le nom donné au pied de la vigne. La vigne est une plante qui fait partie de la famille *vitis*, qui regroupe de nombreuses espèces. En Europe, la plus répandue est la *vitis vinifera*. Les vins les plus connus sont généralement issus de ces cépages.

# LE CABERNET-SAUVIGNON

**C'est le cépage le plus en vogue sur les 5 continents. Il est majoritaire dans le Bordelais. Il donne des vins sobres, qui se conservent et vieillissent bien, et quelque soit l'endroit où il est cultivé, il est très reconnaissable à la dégustation.**

# Le chardonnay

*Le chardonnay donne un raisin blanc, et c'est l'un des trois cépages qui participent, avec deux autres cépages rouges, à l'élaboration du champagne. On le trouve surtout en Bourgogne, mais il pousse bien partout.*

# LE CHENIN BLANC

Le raisin issu de ce cépage est d'une acidité redoutable. Il donne un vin que l'on peut conserver sans problème. Il contient du sucre en grande quantité et a besoin de beaucoup de soleil pour arriver à maturation. C'est surtout dans la vallée de la Loire, en Touraine et en Anjou qu'il donne ses meilleurs vins.

# LE GAMAY

**Longtemps considéré comme un cépage mineur, ce raisin noir de la Côte d'Or, des Pays de la Loire et du Beaujolais donne un vin destiné à être bu jeune.**

# Le gewurztraminer

Le cépage roi d'Alsace, d'une couleur rose pâle très caractéristique. C'est un cépage riche en parfum – *gewurz*, en allemand, voulant dire épice. Mais on peut se contenter de l'appeler traminer.

# Le Riesling

Ce cépage que l'on trouve en Allemagne
et en France donne une variété de vins
blancs allant du plus doux au plus sec,
mais assez faiblement alcoolisé.
Il peut donner un vin liquoreux
s'il est attaqué par la
pourriture noble,
c'est à dire s'il
est "botrotysé".

# Le grenache noir

Cette variété se plaît sous les climats chauds, ce qui explique qu'on le trouve dans le sud de la France. Pauvre en tanin, on l'assemble souvent au cabernet sauvignon qui lui n'en manque pas. Ces deux cépages s'équilibrent bien pour donner des vins qui gagnent en corps et en équilibre.

# Le merlot

*Encore un cépage du bordelais,*
*et du grand Sud-Ouest.*
*Ses vins sont moins tanniques*
*que le cabernet-sauvignon et,*
*de ce fait, plus faciles*
*à boire et à déguster.*

# Le
# PINOT NOIR

**Le pinot noir est célèbre pour ses crus de Bourgogne, mais aussi pour son caractère capricieux, imprévisible. Il est très sensible aux aléas climatiques, et très rarement assemblé à d'autre cépages, à l'exception du champagne. C'est pourquoi on ne le trouve pratiquement qu'en Bourgogne et en Champagne.**

# Le sauvignon

À ne pas confondre avec le cabernet-sauvignon, ce cépage vigoureux de la vallée de la Loire donne des vins blancs de renommée comme le sancerre ou le pouilly-fumé.

# Le cabernet-franc

*Cultivé dans le Médoc et dans la vallée de la Loire, ce cépage, sera assemblé avec son grand frère, le cabernet sauvignon, à condition qu'il arrive à maturation avant lui. Il est cependant de qualité nettement inférieure.*

# Le syrah

**Cultivé dans la vallée du Rhône, ce raisin sert à l'élaboration de l'hermitage rouge. On dit que les croisés l'auraient ramené du Proche-Orient, et c'est pourquoi il se porte très bien dans les endroits chauds. Il mûrit tardivement et craint les gelées d'automne.**

# LE SÉMILLON

**Un cépage à vin blanc qui ne présente pas de qualité particulière. Il est souvent assemblé au chardonnay et au sauvignon blanc. En revanche, une fois attaqué par la "pourriture noble", il donne les célèbres sauternes ou barsacs, qui sont parmi les meilleurs vins doux naturels.**

# LE VIOGNIER

*On trouve principalement ce précieux cépage dans la vallée du Rhône. Son rendement irrégulier en fait un cépage à part qui donne un vin rare, et comme tout ce qui est rare, il est cher… Il entre seulement dans la composition de deux vins exceptionnels.*

# Qu'est ce que l'appellation AOC ?

*Une Appellation*

*d'Origine*

*Contrôlée,*

*lorsqu'elle apparaît sur une étiquette, est*

*la meilleure des garanties*

*pour vérifier la qualité d'un vin, qu'il soit*

*petit ou prestigieux. L'AOC indique son*

*lieu d'origine et atteste du sérieux des*

*méthodes de vinification.*

*Les appellations contrôlées fonctionnent par subdivision au cœur d'une région. Ainsi, tout vin produit dans un cercle délimitant la région de Bordeaux aura t-il droit à l'appellation "vin de Bordeaux".*

**La distinction suprême d'une AOC est l'appellation "grand cru", qui correspond à un vignoble ou climat précis. En Bourgogne, on dira climat, et en Bordelais, cru pour signifier la même chose, le vignoble. Mais, on ne se mélange pas entre Bordeaux et Bourgogne, un peu comme les Montagu et les Capulet !**

# C'est l'Institut national des appellations d'origine qui contrôle :

- La zone de production : c'est-à-dire la composition géologique du sol et les cépages autorisés. Les cépages, plantés sur des sols divers, sous des climats divers, donnent en effet des vins différents d'un endroit à l'autre ;

- La teneur minimale en alcool qui garantit sa future conservation ;

- Les pratiques vinicoles (propres à la vigne) et viticoles (propres à l'élaboration du vin) ;

- La limitation de quantité : la qualité d'un vin étant généralement inversement proportionnelle à la quantité produite, la loi limite la production autorisée pour chaque vin d'appellation contrôlée.

*En dehors des*
*AOC,*
*on trouve d'autres classifications moins prestigieuses, mais qui peuvent aussi être*
*synonymes de qualité :*

# LES VINS DE TABLE

En France, 50% des vignes plantées produisent du vin de table. Ce sont des vins ordinaires qui sont le fruit de mélanges, et qui portent un nom de marque. Les assemblages divers proviennent de régions différentes. Les produits qui entrent dans ces assemblages sont choisis pour bien se compléter. Pris séparément, ces composants ne donneraient que des produits médiocres.

# LES VINS DE PAYS

Un cran au-dessus du vin de table, ils doivent être produits dans une région spécifique pour mériter cette appellation et doivent aussi provenir de cépages sélectionnés, au rendement limité. Le Languedoc-Roussillon est le plus grand producteur de vin de pays, avec 40 variétés différentes.

**On trouve aussi des vins à dénomination départementale. S'ils ne prétendent pas à l'AOC, ils n'en restent pas moins des vins contrôlés, testés par des jurys de professionnels. S'ils ne jouent pas dans la cour des grands, il peuvent cependant réserver d'agréables surprises.**

*Il existe une "antichambre" de l'AOC, c'est le*

# *VQPRD :*

## *Vin délimité de qualité supérieure.*

*Ces vins, appelés à obtenir la mention AOC à plus ou moins long terme, sont eux aussi soumis à des contrôles stricts sur les méthodes de culture, les encépagements et les rendements.*

**Le *vin* n'est pas un produit industrialisé et manufacturé.**

**C'est l'un des derniers produits naturels encore dépendant des caprices de dame nature, et c'est tant mieux !**

**C'est pourquoi tel ou tel grand cru peut être excellent, mais ne sera jamais le même d'une année à l'autre.**

# L'ÉTIQUETTAGE

*"À bon vin point d'enseigne",*

*dit un dicton français.*

**Il existe quatre mentions obligatoires :**

- La dénomination du produit, c'est-à-dire son appellation, suivie par l'encadré "Appellation contrôlée".

- Le volume,
(75cl pour une bouteille normale).

- Le nom et l'adresse de l'embouteilleur, "Mis en bouteille par...".

- Pour un vin destiné à l'exportation, son pays d'origine, *produce of France*.

# Il existe d'autres indications destinées à apporter un maximum de précisions sur le produit concerné :

- Le nom de l'exploitation viticole : cette information peut être utile pour contacter l'exploitant et lui commander un millésime précis.

- Le nom du cépage, à condition qu'il soit le seul à entrer dans la composition du vin.

- Le millésime, ainsi que les vins entrant dans l'assemblage de sa composition.

- Le mode d'élaboration (vin de paille, primeur, sélection de grains nobles).

- Le numéro de la bouteille dans le cas d'un tirage limité.

**Pour les champagnes, l'étiquette est parfois très dépouillée, puisque le label "Champagne" fait à lui seul office d'appellation. Mais on doit trouver dans un coin de l'étiquette une des mentions suivantes :**

**NM :**
négociant-manipulateur
*(excellent)*

**RM :**
récoltant-manipulant
*(très bon)*

**CM :**
coopérative de manipulation
*(bon)*

**MA :**
marque d'acheteur
*(honnête)*

# *Le principe de l'étiquette*

*remonte au XVIIIe siècle, où elle n'était destinée a priori qu'à indiquer la nature du vin. Au XIXe siècle, on voit apparaître le premier le millésime, écrit à la plume. La sobriété est de mise aujourd'hui, surtout pour les grands vins tels que les château-d'yquem et romanée-conti qui offrent des étiquettes très dépouillées, leurs noms prestigieux parlant d'eux-mêmes…*

# En 1924,

*le baron Philippe de Rothschild*

**fait un mini-scandale**

**en confiant la réalisation d'une étiquette au peintre Jean Carlu. Depuis 1945, Cocteau , Braque, Dali, César, Mirò, Chagal, Kandinsky, Picasso, Warhol ont aussi participé à l'élaboration d'étiquettes qui sont maintenant devenues des objets de collection. Elles font le bonheur des œnographiles en France, des œnosémiophiles en Suisse, et des éthylabélophiles en Belgique. Bref, des collectionneurs d'étiquettes de bouteilles de vin en général !**

# Comment fait-on pour *produire* du vin ?

**A priori, faire du vin, c'est une série d'opérations relativement simples :**

# vendanges, pressurage, macération,

**élevage et mise en bouteille.**

**En appliquant consciencieusement ces recettes, on fait du vin.**

**Quant à savoir s'il sera bon, c'est une autre affaire, car le bon vin n'est pas seulement une succession de gestes précis, c'est aussi,**

**et surtout, une question d'intuition…**

# LES VENDANGES

*"Août fait le moût"*
*dit un dicton populaire.*

**Le moût, c'est le jus de raisin qui n'a pas encore fermenté. Les vendanges, comme les moissons sont des festivités très riches en symboles, mais elles sont surtout, et depuis toujours, une façon de consolider les rapports d'entraide entre exploitants.**

*VENDÉMIAIRE*
vient du latin *Vindemia*,
*vendange*,
et c'est le premier mois
de l'année républicaine, du
22, 23, 24
*septembre au*
21, 22, 23
*octobre.*

Jusqu'en **1914**, le ban des vendanges était soumis à **un arrêté municipal** qui réglementait l'accord entre propriétaires pour partager cuves et pressoirs. Les caves coopératives ont depuis remplacé ces confréries, mais cela n'a pas affecté l'ambiance festive des vendanges qui demeure, heureusement, encore très vivante de nos jours.

**On fait généralement les vendanges entre la 1ère semaine de *septembre* et la dernière semaine *d'octobre,* en fonction des vignobles et des conditions météorologiques. Il ne s'agit pas d'épargner les averses aux vendangeurs, mais de récolter un raisin au meilleur de sa maturation.**

# Une grappe est considérée comme étant mûre lorsque le gain de sucre s'arrête.

Les matières odorantes sont à leur

maximum avant maturation.

# Pour un vin "primeur",

à boire jeune, on privilégie des

vendanges avant maturité,

pour obtenir plus d'acidité et de

fraîcheur.

# Pour un vin de garde,

on attend la surmaturation.

**À l'époque gallo-romaine,**
**on effectuait une première vendange de quelques kilos de raisin une semaine avant le début des véritables vendanges, c'était le "vin des vendangeurs" et les résidus de ce premier pressurage, les "pieds de cuve", servaient à bien faire démarrer la fermentation.**

La **fermentation** est une réaction en chaîne provoquée par les levures contenues dans les peaux et le jus du raisin qui donnent des enzymes qui transforment à leur tour le sucre en alcool et produisent aussi du gaz carbonique.

**Lavoisier**, en énonçant son fameux “Rien ne se perd, rien ne se crée, tout se transforme”, sirotait sans doute un bourgogne dont il ne voulait surtout pas perdre une goutte...

*L'un des principaux composants du vin est le*

# tanin.

*On le reconnaît en bouche car il est astringent et donne à la langue et aux gencives une impression de râpeux. Le tanin provient de la peau et des pépins. Il se libère lorsque ceux-ci sont en contact avec le jus lors de la fermentation. C'est le tanin qui va permettre au vin de se conserver.*

Pour la vinification du vin blanc, le **pépin de raisin,** s'il rejoint la cuve de fermentation, ne doit absolument pas être écrasé, car il contient une substance huileuse et résineuse qui rendrait le vin imbuvable, lui ferait prendre une couleur brunâtre et l'oxyderait. En croquant du raisin frais, on reconnaît très facilement ses différents composants.

Certains cépages donnent des raisins à
peaux épaisses, riches en tanin, comme le
cabernet-sauvignon. Si un cépage peut
constituer à lui seul la base d'un vin,
il devient intéressant d'assembler
plusieurs cépages lorsqu'ils
se complètent. Par exemple,
un cabernet sauvignon
riche en tanin marié
avec un
merlot
moins
"agressif"
peut
donner
un vin
de
Bordeaux
plus
ÉQUiLiBRÉ.

*Dans le cas d'un cépage peu charpenté, on rajoute dans la cuve de fermentation les pédoncules par lesquels le raisin est attaché à la grappe : c'est*

*"la rafle" ,qui*

*est très riche en tanin. Pour les grands vins de Bourgogne et de Bordeaux, pas de rafle puisqu'on procède systématiquement à*

*"l'éraflage"*

*Après cette première étape, c'est*

*"le foulage."*

# Le tanin possède des vertus antibactériennes

qui limitent la prolifération des bactéries lors de la fermentation, et confèrent au vin ses qualités de conservation et de vieillissement. On dira qu'un vin riche en tanin s'affinera en vieillissant et perdra de son âpreté.

# *Rouge, blanc* ou *rosé,*

*tout est question de temps…*

*Lorsque l'on écrase doucement un grain de raisin, le jus qui en sort est clair comme de l'eau, sucré et très peu parfumé.*

## *L'élément clé, c'est la peau du raisin.*

*Ce sont les techniques de vinification qui vont déterminer la couleur d'un vin, et non la couleur du raisin. Ainsi, 70% des cépages champenois qui sont rouges servent à 95% à la fabrication de vins blancs.*

**La peau du raisin contient les précieux tanins, mais aussi des pigments colorants : lorsque jus et peau fermentent ensemble, l'alcool fait se libérer les pigments qui participeront à l'élaboration des arômes. Pour le vin blanc, ce contact devra durer le moins possible, et les peaux seront retirées une fois le foulage terminé pour laisser le moût fermenter seul.**

**Ce processus va s'accélérer en quelques jours, puis diminuer. La couleur du vin et ses caractéristiques gustatives seront déterminées par la durée de ce contact. Il existe cependant une variété rare de raisins**

# "teinturiers",

**qui contiennent des matières colorantes dans le jus même. Le vin gris est parfois appelé**

# "vin d'une nuit" :

**c'est un vin rosé léger dont la macération n'aura duré qu'une nuit.**

*La fermentation peut faire penser à un grand chaudron de sorcière. Cela commence par un bouillonnement, puis continue par la formation du "chapeau", au moment où toutes les matières solides remontent à la surface sous l'action du gaz carbonique.*

# *Abracadabra !*

La température augmente ensuite dans la cuve — jusqu'à 30° pour la vinification en rouge, et 20° pour la vinification en blanc. Si la température est trop basse, la fermentation ne peut démarrer. Il s'agit alors d'un "coup de froid".

**Quand la fermentation est terminée,
on soutire** *"le vin de goutte"*,
**c'est-à-dire sans les matières solides.
Le pressurage du reste de la cuve,
peaux y compris, donne le**
*"vin de presse"*,
**qui donnera du vin**
*"ordinaire"*.

On procède ensuite à une seconde fermentation, appelée fermentation malolactique. Il y a encore 30 ans, elle était considérée comme néfaste, mais on s'est rendu compte, depuis que la transformation de l'acide malique en acide lactique, beaucoup moins agressif, était un plus, surtout pour les vins rouges, les vins blancs trop acides, ou les vins destinés à vieillir.

Le vin qui n'est pas encore clarifié est mis à

# vieillir en fût.

Le reste des matières va alors tomber dans le fond du fût. Il faudra donc plusieurs soutirages pour ne garder qu'un vin limpide. Autrefois, on effectuait le soutirage par temps clair, de préférence avec un vent du nord, et un soir de pleine lune. Cette tradition avait un sens : sous une forte pression atmosphérique, les matières en suspension, les lies, sont moins "secouées", et ne passent pas dans l'autre tonneau.

**Une des dernières opérations avant la mise en fût de vieillissement et la mise en bouteilles après soutirages successifs est le**

**“collage”**

**des particules encore en suspension. Pour les entraîner vers le fond, on verse dans le vin des substances du type blanc d’œuf ou gélatine. On peut aussi s’en débarrasser par centrifugation ou par filtration.**

Avant la mise en bouteille,
**les vins sont assemblés.**
Il s'agit de mélanger des vins
de même origine, de même appellation,
mais de cépages différents,
qui apporteront tous leurs qualités
particulières au mélange.

# *la Pourriture noble*

**Lorsque les raisins sont atteints de “pourriture noble” ou *botrytis cinerea*, il faut les vendanger avec un soin particulier lorsque leur maturation n’est pas trop avancée.**

*Ce* ***champignon***

*attaque les raisins qui deviennent gris, et se flétrissent. Et comme leur peau ne s'ouvre pas, la pulpe reste à l'abri de l'air. À l'intérieur de la baie, l'eau s'étant évaporée, il en résulte une plus grande proportion de sucre, une diminution des acides, et, par conséquent, moins de jus à en tirer.*

Moins de vin veut dire prix élevé. Le sucre se transformant en alcool, le produit de la fermentation, très sucré, comporte une forte teneur en alcool. Ce qui donne des vins doux tels que le *monbazillac*, le *sauternes* et le *barsac*, et en Allemagne, pour mémoire ( si vous en avez une bonne! ) le *trockenbeerenauslsesen* !

# Le Vin de paille

*C'est dans le* ***Jura*** *que l'on produit le vin de paille, à partir des cépages sauvignon, poulsard et chardonnay. On vendange le raisin en surmaturation, juste avant les premières gelées. Autrefois, on faisait sécher la récolte sur de la paille, mais aujourd'hui les grappes sont suspendues dans un espace ventilé. Le séchage permet d'augmenter la concentration en sucre.*

Le **pressurage** à lieu vers Noël, ce qui permet aux arômes et au sucre de  se concentrer. La fermentation a lieu en température basse et dure donc plus longtemps que la normale. Le vin produit, un vin de dessert, pourra atteindre une longévité de 20 à 25 ans après 2 ans minimum de vieillissement en fût.

**À partir de**
**100 kg**
**de raisin ordinaire,**
**on obtient environ**
**75 litres**
**de jus à 170 grammes**
**de sucre par litre.**
**Pour 100 kg de raisin**
**destiné au vin de paille,**
**15 à 18 litres de jus ;**
**pour 310 grammes**
**de sucre par litre**
**et pour 100 kg**
**de raisin botrytisé,**
**20 à 25 litres de jus,**
**à 280 grammes**
**de sucre par**
**litre.**

# *Les Vendanges tardives*

On pratique les vendanges tardives en Alsace depuis une trentaine d'années, en attendant que les raisins soient surmûris, ou même atteints de "pourriture noble". Après une lente fermentation, on obtient des vins opulents mais secs, et peu sucrés. Les récoltes n'ont pas lieu tous les ans, car il faut des conditions météorologiques particulières.

# La Vinification en Champagne

Elle fait, bien sûr, l'objet de soins très particuliers pour le vin le plus célèbre du monde. Il existe d'autres vins pétillants ou effervescents , mais ils n'ont pas le droit à l'appellation de champagne car il faut qu'ils ne soient produits que dans la région du même nom.

# L'usage du mot "*crémant*",

## dont l'origine viendrait du mot "crème", rappelant la mousse qui se forme quand on le verse, est autorisée pour les vins mousseux.

*Les vendanges de Champagne sont particulièrement minutieuses. On procède d'abord à "l'épluchage" des grains, qui consiste à retirer les raisins avariés, sachant qu'on ne retiendra, pour les grands champagnes, que le premier jus de pressurage, le fameux "vin de goutte".*

**Après une fermentation classique, vient l'opération délicate de**

# "l'assemblage",

**méthode de vinification élaborée par Dom Pérignon au XVII^e^ siècle, et qui consiste à mélanger plusieurs crus différents, triés sur le volet, afin de constituer les**

# "cuvées".

**Plusieurs dizaines de vins différents peuvent entrer dans la composition d'un grand champagne.**

Il n'existe pas,
sauf exception,
de champagne de cru,
c'est-à-dire issu d'un
seul cépage. L'année de la
cuvée ne fera pas référence à
l'âge des vins qui la composent,
car ils peuvent être d'années
différentes. Pour un cham-
pagne millésimé, en revanche,
les vins de l'assemblage
devront impérativement
être tous de la même
année. Le champagne
se doit de vieillir
au moins
trois
ans.

Le champagne rosé est une exception : c'est le seul autorisé à obtenir sa couleur en se mélangeant dans la cuvée avec *un peu de vin rouge.*

Une fois qu'il a reposé, le vin est mis en bouteille après avoir reçu la "liqueur de tirage", mélange de vin vieux et de levain, ce qui va provoquer une fermentation et la "prise de mousse". Les bouteilles seront ensuite posées inclinées sur des pupitres. On dit qu'une bouteille ainsi inclinée reste "sur la pointe".

# Un remueur professionnel

viendra tous les jours donner un tour aux bouteilles pour faire glisser les particules vers le fond. De nos jours, cette opération est de plus en plus mécanisée pour gagner du temps, mais il existe des remueurs expérimentés qui peuvent manipuler jusqu'à

# 30 000 bouteilles par jour.

Les particules en suspension dans la bouteille vont tomber vers le goulot, et l'opération de

# dégorgement

consistera alors à emprisonner le goulot dans une machine réfrigérante. Le dépôt transformé en glaçon sera expulsé à l'ouverture de la bouteille.

**Le vide laissé par le dépôt, et le peu de vin expulsé lors du dégorgement, est comblé par la**

## "liqueur d'expédition".

**Elle a une importance particulière, car elle est composée de sucre de canne et de vin vieux. Selon sa teneur en sucre, on aura un champagne allant du**

## "brut de brut"

**( infime quantité de sucre)**

**au "doux".**

# *La dégustation, les arômes du vin*

*“ Savoir boire est une technique nationale qui sert à qualifier le Français, à prouver à la fois son pouvoir de performance, son contrôle et sa sociabilité. ”*

*Roland Barthes*

On ne s’improvise pas champion d’échecs ou neurochirurgien, et on ne peut devenir connaisseur en vins qu’au prix d’un solide entraînement. Lever le coude n’est pas la seule aptitude physique requise pour un tel exercice.

**La**
***dégustation***
**fait appel aux sens olfactifs et gustatifs, qui doivent être développés (au même titre que les abdominaux !) . C'est la couleur du vin au contact du verre qui vous donnera l'occasion d'utiliser enfin ce vocabulaire de spécialiste que chacun rêve de placer dans les dîners fins.**

La dégustation dite "à l'aveugle" est une pratique très difficile, qui n'est maîtrisée que par les professionnels de l'œnologie. En allant du général au particulier, ils peuvent reconnaître le cépage, l'origine, l'année, et par recoupement, le nom d'un vin.

*On ne « sabre » que le champagne. Pour le vin il faut un tire-bouchon. Il vaut mieux éviter les modèles à air comprimé, qui font parfois exploser les bouteilles, et les modèles en bois, qui s'encastrent sur le goulot.*

Il existe des
# tire-bouchons
très performants qui font remonter le bouchon au fur et à mesure que l'on tourne la vrille. Avec un peu d'expérience, on peut aussi utiliser le bilame, malgré le risque de voir le bouchon s'enfoncer.

Outil de professionnel,
le couteau de sommelier
est muni d'un levier qui
fait bascule sur le goulot.

**L'utilisation d'un verre dit "tulipe", dont la forme rappelle la fleur sur sa tige, est recommandée. Des études scientifiques ont démontré que les vapeurs d'éther transportant les arômes du vin se diffusent d'une manière parfaite dans ce genre de verre qui provoque**

un

micro-

climat,

répartissant

différentes

pressions

atmosphériques

sur

le

# liquide.

# *L'Aspect visuel*

*On choisira la*

**LUMIÈRE DU JOUR**

*et un* **FOND BLANC**

*pour apprécier, à hauteur des yeux, la robe du vin. Sa couleur et sa transparence indiquent le cépage dont il est issu, mais aussi son âge et sa région d'origine. Les différentes nuances du vin, ou ses robes, sont des indices importants.*

Les vins blancs sont presque tous,
à l'origine, de couleur

*jaune paille*.

On trouve parfois des nuances de

*vert*

chez des vins très jeunes, qui vont du

*brun*

très clair au

*doré*

chez les plus vieux. En général, les vins

*blanc pâle*

proviennent de régions fraîches,
et les robes

*jaunes*

de zones chaudes. C'est en prenant de
l'âge que la robe d'un vin blanc se fonce.

Plus la couleur sera claire, plus il sera jeune. On appréciera aussi la présence de bulles dans le verre, signe de gaz carbonique. La ligne où le vin et le verre se touchent s'appelle le "disque". S'il est très net, on est sans doute en présence d'un grand vin.

**Pour les vins rouges,**
**les nuances vont du**
**rose foncé**
**au**
**bleu violacé**
**en passant du**
**brun à l'orange.**
**À la différence des vins blancs, les rouges s'éclaircissent en vieillissant. Les rouges très foncés proviennent en général de régions chaudes. C'est la couleur du disque qui vous donnera un maximum d'indications sur le vin que vous vous apprêtez à goûter.**

*Lorsque vous penchez votre verre, le disque apparaît à la bordure où se rencontrent le verre et le vin. Si la couleur s'éclaircit exagérément sur les bords, il s'agit probablement d'un vin médiocre. Le vin doit être limpide, et, par transparence, vous devez pouvoir distinguer le pied du verre.*

# Le verre
**doit être**
# propre,

**sans fioritures, à pied, et transparent. Sur ses parois, vous remarquerez les jambes ou les larmes. Ces traînées que le vin laisse sur les bords du verre indiquent sa teneur en alcool et en sucre, deux éléments qui, s'ils s'équilibrent bien, donnent au vin son moelleux.**

Pour un
*grand cru*,
l'intensité de la robe sera l'assurance
d'y trouver des arômes nobles
(fruits secs, épices...).
Les teintes vives
seront le signe d'une probable
acidité, les teintes sombres
d'arôme, plus profonds.

# *Le goût et l'odorat du vin*

*Avant de se retrouver dans le verre, le vin passe par quantité d'épreuves : l'œnologue, le maître de chai, et les divers jurys qui lui attribueront, ou non, son appellation d'origine contrôlée. La difficulté à mettre un nom sur une sensation, un goût ou un arôme est à l'origine d'un*

*vocabulaire assez poétique*

*qui fait le bonheur des amateurs et des professionnels.*

**C'est par le nez que la dégustation du vin commence. On peut déceler des centaines d'odeurs et de parfums différents, mais seulement quatre saveurs de base : sucrée, salée, acide et amère. Un jour de grand rhume ne sera pas le moment idéal pour déguster un grand cru, mais peut-être l'occasion de boire un bon vin chaud sucré et épicé.**

**Si un vin agace les dents et les gencives, c'est qu'il est trop froid.**

**S'il donne une sensation très légère de suffocation, c'est qu'il est trop chaud. La température du vin modifie en effet considérablement sa saveur.**

**Si deux verres d'un même vin blanc sont servis l'un à 20 C°, l'autre entre 5 et 8 C°, le verre de vin frais sera plus acide que celui servi tiède, qui lui, pourra même être écœurant.**

Tous les arômes de la nature se déclinent dans le vin :

*fleurs,*
*fruits,*
*fruits secs,*
*produits végétaux*
et même *animaux.*

# Le CITRON et le PAMPLEMOUSSE

sont des arômes à part, très fugaces et subtils dans le vin blanc, auquel ils confèrent une bonne acidité. Mais on ne peut les détecter qu'avant la mise en bouteille.

# LES ARÔMES DE FLEURS

L'

## *acacia,*

le *chèvrefeuille*

et le

## *sureau*

sont présents dans certains vins blancs. La violette est typique des vins de Beaujolais et de Bourgogne. La rose, elle, est l'apanage des grands crus assez vieux, tirant parfois sur la rose fanée.

Les fameux “fruités” font allusion à des arômes de pomme que l'on trouve dans les vin blancs, car

**le raisin & la pomme**

ont en commun l'acide malique. En revanche un goût de pomme blette doit être déterminant pour renvoyer un vin, au restaurant par exemple, car il indique une oxydation.

# LES ARÔMES DE FRUITS

## La *banane mûre*

*est une dominante dans le mâcon blanc et rouge, surtout dans le beaujolais.*

## La framboise

**est l'arôme le plus commun dans un vin rouge encore jeune, et le cassis dans un vin de Bourgogne.**

**La *fraise* est l'arôme de plénitude pour un vin bien conservé, comme un bourgogne côte-de-nuits. L'arôme de cerise griotte est si prononcé dans le terroir de Chambertin qu'on y trouve un cru au nom de *"Griotte-Chambertin"*.**

*L'arôme d' abricot reste un arôme d'exception, qu'on ne retrouve que dans le vin issu de l'exceptionnel cépage viognier en vallée du Rhône (condrieu, château-grillet) qui donne un vin blanc rare et recherché.*

# LES ARÔMES DE FRUITS SECS

## *Noisette*
*et*
## *amande grillée*

*sont des arômes que l'on retrouve dans les vins blancs. La noisette est souvent associée à un arôme de beurre frais mâtiné de nuances ambrées. Ces deux arômes sont généralement la signature de vins de grande qualité.*

LORSQUE LE RAISIN EST RÉCOLTÉ LÉGÈREMENT FLÉTRI, OU EN SURMATURATION, ON DIT QU'IL EST

# "FIGUÉ".

CET ARÔME DE FIGUE SÈCHE EST LE SIGNE D'UNE VENDANGE EFFECTUÉE À UN MOMENT DE MATURATION EXCEPTIONNELLE, CE QUI EXPLIQUE QU'ON LE RETROUVE DANS LES PLUS GRANDS MILLÉSIMES ROUGES, FRANÇAIS MAIS AUSSI DANS LE PORTO ROUGE VIEUX.

# Senteurs de torréfaction

Le caramel n'est pas un arôme recommandable, puisque c'est un signe de vieillissement et de dégénérescence.
En revanche,

café,
thé
ou
cacao

sont de grands arômes dont les traces sont sensibles sur de grands crus rouges au mieux de leur maturation.

# Senteurs d'épices et d'aromates

**Si l'on fait vieillir les vins en**

# fûts de chêne,

**c'est parce qu'au contact de ce bois, le vin prend des arômes de vanille, qui se marient remarquablement avec le blanc comme le rouge, en se fondant avec discrétion dans le bouquet.**

*On peut déceler des traces de* ***cannelle*** *dans certains blancs très vieux, où il n'est pas rare non plus de trouver des arômes de* ***girofle*** *et de* ***muscade****, surtout dans les hermitages des Côtes du Rhône.*

LE **POIVRE**

EST ASSOCIÉ À CERTAINS POMMARDS, SYRAHS OU CABERNETS, MAIS IL N'EST PAS FACILE À DÉTECTER.

LE **GINGEMBRE**,

EN REVANCHE, SE RETROUVE FACILEMENT SUR DES VINS DE COTEAUX DE LA VALLÉE DU RHÔNE.

*Reine entre toutes, la truffe est la marque de grandes crus qui sont restés en fût pendant quelques années avant la mise en bouteille. Présente surtout dans les rouges, on la distingue aussi très bien dans un bourgogne blanc très réputé, le montrachet.*

# *vin & savoir-vivre.*

# NE JAMAIS BOIRE LE VIN :

*avec une paille.*

*avec des glaçons.*

*dans un verre
à moutarde*
*(surtout avec des décalcomanies !).*

*avant de conduire.*

*additionné d'eau
gazeuse.*

# Se soigner
## par le vin

*Ce n'est pas parce que le vin contient pas moins de 13 minéraux, dont le fer, le cuivre, le phosphore, le magnésium et le calcium, et des vitamines A, B et C, qu'une injection de morgon tous les matins vous maintiendra en bonne santé. Mais il se trouve que le vin est utilisé depuis toujours pour ses*

*vertus prophylactiques, thérapeutiques et antiseptiques.*

*Hippocrate le prescrivait déjà comme diurétique, et pour faire baisser la fièvre. Au XIX<sup>e</sup> siècle, on recommandait de mélanger une infime quantité de vin aux eaux courantes infestées par le choléra.*

Jusqu'au
**siècle dernier**, les
**hôpitaux**
utilisaient encore :
**le vin blanc** comme *diurétique*,
**le champagne** pour faire disparaître
*la nausée*, et le **bourgogne** et le
**bordeaux rouge** pour les problèmes
de *digestion*, car la présence de tanin,
surtout dans les vins de bordeaux, agit
sur les désordres intestinaux.

On dit que le microbe du

# typhus

et que celui de la

# dysenterie

seraient

## éradiqués par l'alcool

et

autres acides présents dans le vin.
Il parait aussi que le vin bu
pendant les repas éliminerait les
micro-organismes néfastes que
l'on peut trouver dans certains
aliments crus tels que fruits
de mer, crudités
ou légumes.

# “*Vin :*

*Sujet de conversation entre hommes.*
*Le meilleur est le bordeaux, puisque*
*les médecins l'ordonnent.*
*Plus il est mauvais, plus il*
*est naturel.* ”

*Flaubert, Dictionnaire des idées reçues, 1850.*

**Dans les années 50, on faisait boire aux femmes qui venaient d'accoucher, du bon vin vieux pour qu'elles se "refassent le sang". Il était servi chaud et très sucré, avec du pain grillé émietté.**

# Dans le Berry,

on dit que 3 gouttes de sang prélevées à l'oreille droite d'un chat et mélangées à du vin rouge peuvent guérir la pneumonie.

# En Saumurois,

c'est du sang de bouc séché avec du vin blanc qui soigne la pleurésie. Le vin rouge dans lequel on a mis à tremper des clous est souverain contre l'anémie.

# En Anjou,

une infusion de marjolaine dans du vin blanc est conseillé pour faire baisser la tension.

*“Un verre de vin tire souvent mieux que deux bœufs.”*

Dicton savoyard.

# LE VINAIGRE

**Le "vin aigre", devenu au fil du temps le vinaigre, est le produit d'une transformation chimique du vin, qui fait que l'alcool éthylique se transforme en acide acétique au contact de l'oxygène. Ainsi, une bouteille de vin qui reste débouchée est-elle condamnée à transformer le vin qu'elle contient en vinaigre, d'où l'expression**

*"tourner au vinaigre."*

Le vinaigre ne contient plus d'alcool et le nombre de degrés indiqué sur les bouteilles est celui du taux d'acidité.

L'utilisation du vinaigre est connue depuis des temps immémoriaux et les Romains l'appelaient **acetum** (l'acide acétique).

Bien avant Pasteur, le corps médical recommandait de couper l'eau avec un peu de vinaigre pour l'assainir avant de la boire.

Le vinaigre est supposé ouvrir l'appétit et participer à la bonne digestion des repas difficiles à base de viande. Sous forme de gargarismes, il soulage les maux de gorge, les bactéries étant éliminées par l'acidité. Au XIIIe siècle, on accordait de telles

*vertus prophylactiques*

au vinaigre, que le métier de vinaigrier était le seul que les lépreux étaient autorisés à exercer.

# *Passons à* TABLE

*« Le vin est la partie intellectuelle du repas; les viandes n'en sont que la partie matérielle. »*

ALEXANDRE DUMAS

Dans la
cuisine médiévale,
les viandes étaient systématiquement marinées, soit dans du vin, soit dans du vinaigre, pour masquer le goût désagréable de la chair pas fraîche, pour ne pas dire en état de décomposition.

Ainsi, le vin combattait-il les effets de la prolifération bactérienne avant même la découverte des MICROBES !

CERTAINS
VINS QUE L'ON CROIT
FAITS POUR ÊTRE BUS
EXCLUSIVEMENT SEULS
PEUVENT TRÈS BIEN SE
MARIER AVEC DU
"SOLIDE".
UN BON BANYULS, PAR
EXEMPLE, SUR UN
GÂTEAU AU CHOCOLAT,
EST UN MÉLANGE TRÈS
HARMONIEUX.

Il existe encore, dans la
cuisine régionale,
nombre de recettes à base de vin,
lointains souvenirs de ces temps
obscurs où le réfrigérateur
n'existait pas encore.
Chaque région avait
*sa sauce*.

*À la bourguignonne :*
*vin rouge.*

*À la lyonnaise :*
*vin blanc et oignons.*

*À l'alsacienne :*
*riesling.*

*À la catalane :*
*vin rouge de Banyuls, piments, anchois, tomates et ail.*

*À la nantaise :*
*beurre d'échalotes fondu au vin blanc.*

*À la dieppoise :*
*crème et vin blanc.*

# AÉRATION & DÉCANTATION

Les vins un peu âgés présentent souvent un peu de dépôt, c'est pourquoi les bouteilles devront être manipulées avec précaution pour ne pas trop les agiter. Il est souhaitable de les remonter de la cave la veille du service, afin que le dépôt tombe doucement au fond de la bouteille. La décantation est réservée aux vins très vieux qui présentent beaucoup de dépôt.

Si l'opération de décantation est vraiment indispensable, on transvasera le vin dans une carafe, en observant, à la lumière d'une bougie, le parcours du

dépôt

dans le goulot. Lorsque celui-ci s'accumulera, on interrompra l'opération quelques instants, car l'oxydation forcée à l'air peut anéantir un grand vin.

**Les vins jeunes ou primeurs, en général assez tanniques, gagnent beaucoup à être ouverts quelques heures avant le service.** L'oxygénation va leur permettre en effet de s'ouvrir au nez, et les arômes vont ainsi prendre le pas sur l'astringence du tanin.

Les **bourgognes** supportent moins bien l'oxygénation que les **bordeaux,** plus charpentés. On les ouvrira au dernier moment.

# LA TEMPÉRATURE DU SERVICE

En règle générale, les vins rouges légers quelle que soit leur provenance, sont à boire relativement frais, entre 12 et 14°C, ou même 9 ou 12°C pour un beaujolais primeur. Les rouges jeunes mais charpentés, entre 15 et 16°C. Les bourgognes et les grands vins du Rhône peuvent être servis plus frais, aux environs de 18°C, alors que les vieux bordeaux pourront supporter une température de 20°C.

*Les blancs secs, et les rosés*
sans prétention se boivent aux
environs de 8°C, comme
*le champagne.*
Pour des vins renommés, tels que
*vins d'Alsace, chablis et*
*tavels rosés,*
on peut aller jusqu'à
10-11°C,
Et pour des crus de grande origine,
*condrieu, montrachet,*
jusqu'à 12-13°C.
Plus un vin sera doux et moelleux,
plus il faudra le servir frais.
À noter que le passage du
vin dans le verre augmente
sa température
de 1 à 2°C.

# LA SACRO-SAINTE PRESCRIPTION

*Les vins blancs*

*seront en général servis avec*

**les hors-d'œuvre et les poissons ;**

*les rouges,*

*jeunes et solides,*

**avec les viandes rouges,**

*les vins plus vieux*

**avec les rôtis et les fromages.**

*Mais on peut aussi servir un*

*vin blanc au dessert.*

AU COURS DU REPAS, LA
SALIVE
SE MODIFIE ET,
DU MÊME COUP, LA
PERCEPTION DES
SAVEURS.

# *La bouche*

va réagir de plus en plus à l'acidité, et de moins en moins au tanin, au fur et à mesure qu'elle se sature en protéines lourdes, de type viande ou fromage. C'est pourquoi on servira les vins par ordre d'acidité décroissante.

## *Un vin rafraîchi se doit de précéder un vin chambré.*

On doit, en principe, servir les vins en commençant par le plus jeune et en terminant par les plus vieux mais attention, car un vin de 10 ans, tout en finesse, passant derrière un petit jeune, tout en charpente et en force, perdra forcément de sa saveur et de sa vigueur.

# Les Accords mets & vins

Pour la
*respectable confrérie du Tastevin du Château de Clos-Vougeot,*

**“ UN VIN SERVI NE DOIT PAS FAIRE REGRETTER LE PRÉCÉDENT. ”**

Le vin choisi pour accompagner un plat doit être servi, si possible, avant que celui-ci n’arrive sur la table.

# Les Interdits

Certaines associations sont
réputées pour être
**périlleuses**
voire
**impossibles.**

# *Potages :*

UN GOÛT DIFFICILE À MARIER AVEC CELUI DU VIN.
EN OUTRE, ASSOCIER DEUX ÉLÉMENTS LIQUIDES EST PEU FLATTEUR AU PALAIS.

# *Vinaigrette :*

l'acide acétique, principal composant du vinaigre, est l'ennemi juré du vin. Seul un petit vin blanc ultra-sec pourra rivaliser avec lui.

# *Les œufs :*

*ils sont difficiles à marier avec le vin, dont ils tuent les arômes. On les accompagnera, à la rigueur, d'un rosé de la Loire sans prétention.*

# *Le chocolat :*

SUCRE ET CACAO MARIÉS AVEC DU VIN FONT TRÈS MAUVAIS MÉNAGE. ON POURRA TENTER À L'EXTRÊME RIGUEUR UN ROUGE TRÈS CAPITEUX, GENRE SAINT-ÉMILION.

# On peut envisager quelques MARIAGES DE RAISON :

## *Les huîtres :*

*leur forte teneur en sel et en iode demande un vin de faible acidité et assez fruité ; les vins du littoral sont parfaits : gros-plant du pays Nantais, côtes de blaye, et l'incontournable muscadet. Le vinaigre d'échalote et le citron sont évidemment à proscrire.*

# *Poissons de mer et crustacés :*

le tanin amer des vins rouges permet difficilement une association avec la chair délicatement salée d'un poisson ou d'un homard. Seul un vin blanc peut faire l'affaire. Il existe pourtant des exceptions, telle la matelote d'anguilles élaborée à base de vin rouge. Dans ce cas, on pourra boire le vin ayant été utilisé pour la recette.

## *Les charcuteries :*

les matières grasses ont besoin de se mesurer à des vins assez mordants et acides, tel un beaujolais-village rouge. Un vin blanc peut faire l'affaire à condition qu'il soit sec, ou demi-sec bien acide. Les vins de la Loire seront les bienvenus.

# *Les pâtes :*

**les pâtes, vu leur consistance farineuse, ne seront pas forcément mises en valeur par un vin rouge ou rosé, à moins qu'il ne soit vif et tranchant. Les blancs secs de Côtes du Rhône et les vins simples d'Alsace conviendront à merveille, puisque les pâtes sont aussi très prisées dans cette région.**

# *Le gibier :*

il ne peut se fiancer qu'avec un vin puissant et corsé, seul susceptible de dominer le fumet du gibier. Les bourgognes aromatiques feront très bien l'affaire, ainsi que les bordeaux de type saint-estèphe. Les civets s'accompagneront d'un vin plus simple. À proscrire : le vin utilisé pour la recette, car il est généralement assez tannique.

# *Le fromage :*

*malgré les idées reçues, le fromage n'est pas forcément l'ami d'un très grand vin, dont il écrasera les saveurs. Il faut éviter de garder jalousement la meilleure bouteille pour le fromage, et choisir un rouge jeune et robuste, quel que soit le vin qui l'a précédé. Les fromages de terroir, s'accompagneront volontiers des vins de leurs régions, même s'ils sont blancs : munster et gewurztraminer (qui peut accompagner n'importe quel fromage "odorant"), chavignol et sancerre...*

# Où acheter son vin quand on a pas le courage de le faire soi-même ?

# *Au supermarché*

Les grandes surfaces proposent des rayons et des sections spécialisées, mais il ne faut pas vous attendre à trouver le cru du siècle en attrapant au vol une jolie bouteille à la supérette du coin.

# *À la propriété*

C'est un bon moyen pour se constituer une cave, après avoir participé à des séances de dégustation. Vous pourrez ainsi constater par vous-même que le vin que vous achetez n'est pas un produit industrialisé.

# *Chez le négociant*

Un négociant achète en principe de grosses quantités destinées à être revendues. Vous ne pourrez pas lui acheter de bouteilles à l'unité, mais les prix pour les achats en quantité sont assez intéressants. Comme le négociant se doit d'offrir des vins de qualité, vous êtes assuré de trouver chez lui des vins de bon niveau. Un particulier peut tout à fait acheter son vin chez un négociant, mais la quantité minimale d'achat sera probablement de 24 bouteilles.

**Lorsque plusieurs producteurs se regroupent pour mettre en commun les frais et le matériel nécessaire à l'élaboration de leurs produits, c'est ce qu'on appelle une "*coopérative*".**

**À l'exception des "châteaux" et des "crus" qui sont vinifiés à part, les coopératives mélangent l'ensemble des raisins récoltés sur plusieurs vignobles, mais toujours à l'intérieur d'une zone très précise.**

Le vin qui sortira d'une coopérative aura peut-être **moins de personnalité** que s'il provenait d'un unique producteur, mais il pourra aussi lui être supérieur car les coopératives utilisent les services d'œnologues pour assurer une qualité maximale. Vous pourrez aussi y acheter le vin

# "en vrac"

c'est-à-dire non mis en bouteille.

# *Chez le caviste*

*Un bon caviste peut être un guide précieux. C'est quelqu'un qui aime le vin, le connaît bien, le traite avec respect. Il aura aussi à cœur de pousser certains vins mal aimés ou mal connus. Les cavistes ont d'ailleurs souvent un vin de prédilection qu'ils cherchent à placer, non par esprit mercantile mais par amour du bon produit.*

Chez un bon caviste, le vin est entreposé couché, à une

# température idéale de cave.

Qu'il s'agisse de se constituer une cave, auquel cas le vin sera livré à domicile, ou d'acheter une bonne bouteille en solo, on peut être sur, chez le caviste, de parler à un professionnel du vin. Il ne faut pas hésiter à lui indiquer ses préférences et son ordre de prix, ni à lui demander quel plat s'accommodera le mieux avec le vin choisi.

# Les vins étrangers, mythe ou réalité ?

**L'Argentine**
est le premier fournisseur
de vins étrangers
de l'Union européenne.
Les États-Unis ont vu leur
production passer en un an
de 23 millions à 28 millions
d'héctolitres. La consommation
locale y est en forte progression,
et le vin californien est de
plus en plus prisé.
L'Italie a une économie
viticole semblable
à la notre.

**La production australienne**
est en plein boum et fait un
malheur à l'exportation.

Certains pays de l'est
( **Hongrie, Roumanie, Bulgarie** )
sont en train de retrouver
leur compétitivité.

**L'Espagne** est le troisième
producteur mondial de vin.

**Le Chili, l'Afrique du Sud et**
**la Nouvelle-Zélande**
n'ont pas à rougir non plus
de leur production en
constante progression.

**Attention !**

Ce livre est exceptionnellement
à consommer sans modération.

IMPRIMÉ EN FRANCE PAR BRODARD ET TAUPIN
6902W - La Flèche (Sarthe) le 14-10-1999
Dépôt légal : octobre 1999.